Jule Ebbing

Kritische Analyse der Interpretation Erika Fischer-Lichtes zu Goethes "Iphigenie"

„Goethes ‚Iphigenie' – Reflexion auf die Grundwidersprüche der Gesellschaft"

GRIN Verlag

Bibliografische Information der Deutschen Nationalbibliothek:

Die Deutsche Bibliothek verzeichnet diese Publikation in der Deutschen National-
bibliografie; detaillierte bibliografische Daten sind im Internet über http://dnb.d-
nb.de/ abrufbar.

Impressum:

Copyright © 2007 GRIN Verlag GmbH
Druck und Bindung: Books on Demand GmbH, Norderstedt Germany
ISBN: 978-3-656-17986-3

Dieses Buch bei GRIN:

http://www.grin.com/de/e-book/192797/kritische-analyse-der-interpretation-erika-
fischer-lichtes-zu-goethes-iphigenie

Institut für Germanistische und Allgemeine Literaturwissenschaft der RWTH Aachen
Proseminar: Iphigenie und Tasso

Semester: WS 2007/2008

Thesen, Ergebnisse, theoretische Hintergründe und Probleme der Interpretation „Goethes ‚Iphigenie' –Reflexion auf die Grundwidersprüche der Gesellschaft" von Erika Fischer-Lichte

Name: Jule Ebbing

Studiengang: BA Germanistische und Allgemeine Literaturwissenschaft/ Politische
Wissenschaften
Datum: 02.03.2008

1. Einleitung

Diese Hausarbeit beschäftigt sich mit Johann Wolfgang Goethes „Iphigenie auf Tauris" und ihrer Rezeption durch Erika Fischer-Lichte „Goethes ,Iphigenie' – Reflexion auf die Grundwidersprüche der Gesellschaft".

In der Arbeit werden zunächst die theoretischen Hintergründe der Interpretation von Fischer-Lichte beleuchtet und ihre Methoden der Analyse erläutert, um nachfolgend ihre Argumentationsstruktur und die sich daraus ergebenden Schlussfolgerungen näher zu betrachten.

Abschließend erfolgt eine Beurteilung ihrer Interpretation.

2. Theoretische Hintergründe und Methoden der Interpretation

2.1 Die Kontroverse Ivo/Lorenz und ihre Rezeption durch Fischer-Lichte

Fischer-Lichte bezieht sich auf zwei unterschiedliche Positionen zur Frage des Bildungswertes der „Iphigenie" als Teil des Deutschunterrichtes.

Hubert Ivo vertritt die These, dass „Iphigenie auf Tauris" den emanzipatorischen Zielen des Bürgertums dient. In ihr werde eine Utopie von gegenseitigem Vertrauen und menschlichem Zusammenleben im Kontrast zur vorherrschenden bürgerlichen Realität der Entfremdung aufgezeigt. Im Vordergrund stehe die Forderung nach der durch die „Iphigenie" veranschaulichten Verwirklichung der Ideale der bürgerlichen Gesellschaft.[1]

> „Die Utopie als Gegenbild zur bestehenden Praxis, vom brüderlichen, von gegenseitigem Vertrauen getragenem menschlichen Zusammenleben, dürfte in Deutschland am weitesten vorangetrieben, am radikalsten in einem Text gekennzeichnet sein, der in seiner Rezeption fast ausschließlich als unkämpferisch, still, ungeschichtlich, privatistisch interpretiert worden ist, in Goethes ‚Iphigenie'."[2]

Fischer-Lichte kritisiert an Ivos Interpretation eine fehlende umfassende Strukturanalyse, die zur Untermauerung seiner These in Bezug darauf nötig sei, dass nachzuweisen wäre, inwiefern nicht der Eingriff des Göttlichen, sondern die Emanzipation des Menschen zur Aufhebung der Entfremdung führt und wie diese im Drama explizit geleistet wird.[3]

Im Gegensatz dazu steht die Auffassung Rolf Lorenz, der in der „Iphigenie" ein fern liegendes Idealbild sieht, das keinen Bezug auf sozialrelevante Situationen ermögliche. Somit sei keine Möglichkeit zur Nachahmung gegeben, das Drama besitze keine Handlungsrelevanz.[4]

Fischer-Lichte beanstandet an dieser These, dass ein „verkürztes Literaturverständnis"[5] bestehe: Lorenz gehe von einem „Verhältnis der direkten Abbildung"[6] zwischen Literatur und Wirklichkeit aus und lasse dabei das dialektische Verhältnis zwischen Kunst und Realität außer Acht. Dem Rezipienten stelle sich bei der Lektüre des Dramas die Aufgabe, die durch das Werk vermittelte Wirklichkeit -

---

[1] Vgl. Fischer-Lichte, Erika: Goethes „Iphigenie". Reflexion auf die Grundwidersprüche der bürgerlichen Gesellschaft. In: Diskussion Deutsch, Jg.6, 1975, H.21, S.1.
[2] Ivo, Hubert: Die politische Dimension des Deutschunterrichts. z.B.: Goethes „Iphigenie". zitiert nach: ebd.
[3] Fischer-Lichte 1975, S.2.
[4] Vgl. Ebd. S.1f.
[5] Ebd. S.2.
[6] Ebd. S.2.

die jedoch nicht der tatsächlichen Realität des Dichters entspricht, sondern vom Betrachter unter dem Einfluss seiner individuellen Erfahrungen wahrgenommen wird – mit „allen Momenten seiner Stellung zur Welt und zur Wirklichkeit"[7] zu beantworten.[8]

2.2 Methoden der Interpretation

Hieraus ergibt sich für Fischer-Lichte die Notwendigkeit der Durchführung einer Strukturanalyse, die vier Thesen bestätigen soll:

> „1. inwiefern die „Iphigenie" eine „Vorwegnahme sozialer Möglichkeiten" darstellt;
> 2. inwiefern eine Schullektüre der „Iphigenie" emanzipatorischen Zielen dient;
> 3. daß „Iphigenie" Handlungsrelevanz besitzt;
> 4. daß „Iphigenie" an für den Schüler sozialrelevante Situationen anknüpft."[9]

Sowohl strukturell wie auch inhaltlich stehen die zwischenmenschlichen Beziehungen in der „Iphigenie" im Vordergrund. Beide Aspekte sind durch drei „Oppositionspaare" bestimmt, die im Laufe des Dramas von verschiedenen Personenkonstellationen gebildet werden:

I. fremd vs. vertraut

II. untergeordnet/übergeordnet vs. gleichgeordnet

III. handeln vs. sprechen[10]

Im Verlauf der Strukturanalyse bezieht sich Fischer-Lichte auf die Einteilung in Sprechakte. Diese bestehen jeweils aus einem performativen Satz, der die Beziehung zwischen Sprecher und Hörer bestimmt und einem davon abhängigen, propositionalem Satz, der den inhaltlichen Teil der Kommunikation wiedergibt.[11]

---

[7] Mukařovský, J.: Ästhetische Funktion. Norm und ästhetischer Wert als soziale Fakten. Zitiert nach: Ebd. S.3.
[8] Vgl. Ebd. S.2f.
[9] Ebd.S.4.
[10] Vgl. Ebd. S.4.
[11] Vgl. Ebd. S.4f.

3. Argumentationsstruktur

3.1 Personenkonstellationen in der „Iphigenie"

Bei ihrer Analyse der Sprechakte befasst sich Fischer-Lichte zunächst mit den verschiedenen Personenkonstellationen zu Beginn des Dramas.

Bei den Skythen wird vor allem die Beziehung zwischen Thoas, dem König der Skythen, und Arkas, seinem Untertan, verdeutlicht. Sie steht für die Beziehung zwischen dem Herrscher und seinem Volk, also die Beziehung übergeordnet vs. untergeordnet. Während Thoas sich „allein in den regulativen Sprechakten des Befehlens" ausdrückt, kommt Arkas die Rolle des gehorsamen Berichterstatters zu. Fremden gegenüber findet bei den Skythen keinerlei Kommunikation statt. Ihnen wird weder das Recht zu handeln, noch zu sprechen anerkannt, sie werden wie Objekte behandelt.[12]

Bei den Griechen stellt die Beziehung zwischen Orest und Pylades die „ideale Sprechsituation"[13] dar. Sie ist durch „Vertrauen und Gleichberechtigung"[14]gekennzeichnet. Sie bringen einander absolute Ehrlichkeit entgegen und sind in der qualitativen sowie quantitativen Analyse der Sprechakte vollkommen reziprok. [15]

Die Beziehung der Tantaliden untereinander wird - nicht wie in der idealen Sprechsituation zwischen Orest und Pylades, durch das „Wort" – sondern durch die „Tat" bestimmt. Durch den Erbfluch der Tantaliden wird die Person, gegen die die „Tat" gerichtet ist, zum „bloßen Objekt des Handelns degradiert"[16].[17] Dies hat die „Pervertierung der zwischenmenschlichen Beziehungen"[18] zur Folge, die sich jedoch nicht mit der Intervention der Götter entschuldigen lässt, da der Fluch der Götter durch die Tantaliden selbst ausgelöst wurde. [19]

Fremden gegenüber agieren die Griechen mit „List" und „falschem Wort", die den Fremden durch Manipulation zum Opfer degradieren. Dies wird durch die

---

[12] Vgl. Fischer-Lichte 1975 S.5f.
[13] Ebd. S.7
[14] Ebd. S.6
[15] Vgl. Ebd. S.6f.
[16] Vgl. Ebd. S.8.
[17] Vgl. Ebd. S.7f.
[18] Ebd. S.8.
[19] Vgl. Ebd. S.8.

unverrückbaren Bedingungen der Wirklichkeit, die den Menschen aus Not und Verpflichtung zum Handeln zwingen gerechtfertigt.[20]

Iphigenie hingegen nimmt keine, bzw. eine ständig wechselnde Position in den verschiedenen Personenkonstellationen ein. Durch den ständigen Wechsel bricht sie die bestehenden Kommunikationsstrukturen auf und „entmystifiziert" somit die scheinbar unveränderliche Wirklichkeit, um die Vorraussetzungen für die „Herstellung authentischer zwischenmenschlicher Beziehungen" zu schaffen.[21]

3.2 Die Entstehung einer idealen Kommunikationsgemeinschaft

Bestimmend für den Umbruch in den Grundoppositionen sind die Heilung Orests und der Abschied Iphigenies von den Skythen.

Die beiden bestimmenden Handlungsmotivationen stehen zueinander in einem einander bedingenden Verhältnis. Orest, der auf Tauris die von Apoll versprochene Erlösung von seinem Wahnsinn sucht, sieht in der Aufforderung des Gottes die Anweisung, das Bildnis der Diane aus Tauris Tempel zu rauben „Bring du die Schwester, die an Tauris Ufer/ Im Heiligtume wider Willen bleibt/ Nach Griechenland; so löset sich der Fluch."[22].

Thoas will die beiden Fremden, Orest und Pylades, jedoch der Göttin Diane opfern, da er dies als „Gesetz" ansieht, dass durch seinen langen Gebrauch manifestiert worden ist.

> „Es ziemt sich nicht für uns, den heiligen/ Gebrauch mit leicht beweglicher Vernunft/ Nach unserm Sinn zu deuten und zu lenken/ [...]/ Mit diesen [Fremden] nehme deine Göttin wieder/ Ihr erstes, lang entbehrtes Opfer!"[23]

Tötet Thoas jedoch Orest und Pylades, bleibt für Iphigenie die Rückkehr nach Griechenland, die sie als den Willen Dianes sieht, für immer versagt.

Hiermit stehen sich auch zwei Götterauffassungen gegenüber. Die Auffassung des Parzenliedes, die sowohl Thoas, wie auch Orest verinnerlicht haben und die von einem grundsätzlich feindlichen Verhältnis zwischen Göttern und Menschen ausgeht „Es fürchte die Götter/Das Menschengeschlecht!/Sie halten die Herrschaft/In ewigen Händen, /Und können sie brauchen/Wie's ihnen gefällt."[24]

---

[20] Vgl. Fischer- Lichte 1975. S.8.
[21] Vgl. Ebd. S.8.
[22] Goethe, Johann Wolfgang: Iphigenie auf Tauris. Ein Schauspiel. 2. durchgesehene Ausgabe. Stuttgart 2001 (=Reclams Universal- Bibliothek 83). V.2113ff.
[23] Ebd. V.528ff.
[24] Ebd. V.1726ff.

und die Auffassung des Gebetes, die Iphigenie hat. Sie geht davon aus, dass die Götter die Menschen lieben und ihnen freundlich gesonnnen sind

> „Denn die Unsterblichen lieben der Menschen/Weit verbreitete gute Geschlechter, /Und sie fristen das flüchtige Leben/Gerne dem Sterblichen, wollen ihm gerne/Ihres eigenen, ewigen Himmels/Mitgenießendes fröhliches Anschaun/Eine Weile gönnen und lassen."[25].

Für die Lösung sind somit zwei Bedingungen zu erfüllen, die im Folgenden aufzuführen und näher zu erläutern wären:

1. Die „Herstellung authentischer zwischenmenschlicher Beziehungen"

2. Die Vereinbarung der zwei unterschiedlichen Götterbilder bzw. ein Sinneswandel Thoas und Orests in Bezug auf ihr Götterbild

Die Herstellung „authentischer zwischenmenschlicher Beziehungen" vollzieht sich in zwei parallelen Szenenfolgen, den Begegnungen Iphigenie/Pylades (II, 2) und Iphigenie/Orest (III, 1) einerseits und den Begegnungen Iphigenie/Arkas (IV, 2) und Iphigenie/Thoas (V, 3) andererseits.[26]

Durch die Parallelität werden die Bedingungen für den Aufbau einer idealen Kommunikationsgemeinschaft festgelegt und hervorgehoben.

Die Begegnungen zwischen Iphigenie/Pylades und Iphigenie/Arkas sind durch Lüge, Vorenthaltung, Asymmetrie und die Degradierung des Gesprächspartners zum Objekt gekennzeichnet.

Dadurch, dass Iphigenie sowohl Pylades als auch Arkas gegenüber ihre eigene Identität verschweigt und ihnen gegenüber nur in der Rolle der Priesterin auftritt, verhindert sie eine Begegnung auf subjektiver Ebene. Sie weist ihren Gesprächspartnern durch die „Idolatrie mit ihrem Priestertum" eine untergeordnete Rolle zu und verhindert somit eine für die ideale Kommunikationssituation notwendige Symmetrie der Sprechakte. Auch Pylades begegnet Iphigenie, ganz dem Kommunikationsmuster der Griechen Fremden gegenüber folgend, mit „falschen" und „klugen Worten", die seine und Orests Identität verschweigen. Beide Gesprächsteilnehmer begegnen einander nicht als Personen, sondern sehen den anderen als Objekt an, das ihnen entweder, wie bei Iphigenie, Informationen über das Schicksal ihrer Familie geben kann oder, wie bei Pylades, „nur als Instrument für seine und Orests mögliche Rettung wichtig"[27] ist.[28]

---

[25] Goethe 2001, V.554ff.
[26] Fischer-Lichte 1975, S.19.
[27] Ebd. S.14.
[28] Vgl. Ebd. S.14ff.

Im Gegensatz dazu steht die Begegnung Iphigenie/ Orest. Hier verändert Iphigenie schon zu Beginn die Ausgangssituation, indem sie ihm nicht in der Rolle der Priesterin, sondern als Person entgegen tritt „Du sollst mich kennen"[29]. Dies hat auch eine symmetrische Verteilung der Sprechakte zur Folge. Eine weitere Vorraussetzung zur Herstellung authentischer zwischenmenschlicher Beziehungen, das „Prinzip der Wahrheit", erfüllt sich in Orests Enthüllung der eigenen Identität „[…] zwischen uns/Sei Wahrheit!/Ich bin Orest!"[30]. [31]

Die Heilung Orests tritt jedoch erst nach seiner „Betäubung" und somit nach seiner Vision ein. Orest geht noch immer davon aus, dass seine Heilung nur im Zusammenhang mit dem Raub der Statue Dianes aus dem taurischen Tempel vollzogen werden kann. In seiner Vision sieht er die zu Lebzeiten geläufigen „pervertierten Beziehungen zwischen den Tantaliden" in der Unterwelt aufgehoben.

> „Mit Thyesten/Geht Atreus in vertraulichen Gesprächen/[…]/Wir sind hier alle der Feindschaft los.-/[…]/Bist du's mein Vater?/Und führst die Mutter vertraut mit dir?/Darf Klytämnestra die Hand dir reichen,/So darf Orest auch zu ihr treten/[…]/Auf Erden war in unserm Hause/Der Gruß des Mordes gewisse Losung, /[…]/Ihr ruft: Willkommen! und nehmt mich auf."[32]

Aus seiner Vision erwacht er vom Wahnsinn befreit und erkennt, dass dies nicht , wie er zunächst den Orakelspruch Apolls interpretiert hatte, durch die Rettung der Götterschwester Diane geschehen ist, sondern durch die „Herstellung authentischer zwischenmenschlicher Beziehungen zwischen den Nicht-Fremden, den Tantaliden eingelöst"[33] wurde, durch das „Segenswort" seiner Schwester Iphigenie. Dies zeigt einen Sinneswandel in seinem Götterbild; er sieht die Erfüllung des Götterwillens durch den Menschen.[34]

In der Beziehung Iphigenie/Thoas verändert sich ihre Personenkonstellation im Laufe des Dramas. Anfangs tritt Thoas Iphigenie in der Rolle des Königs als einer Fremden gegenüber, ändert jedoch sein grundsätzliches Verhalten gegenüber Fremden zunächst ihr und dann, auf Drängen ihrerseits, auch allen anderen gegenüber. Er behandelt sie nicht, wie bei den Skythen üblich, als Objekt, dem das Recht zur

---

[29] Goethe 2001, V.952.
[30] Ebd. V.1080ff.
[31] Vgl. Fischer-Lichte 1975, S.10.
[32] Goethe 2001, V.1274ff.
[33] Fischer-Lichte 1975, S.12f.
[34] Vgl. Ebd. S.12

Kommunikation aberkannt wird, sondern setzt sie in die Rolle der Priesterin, die ihn dazu bringt, die, bei den Skythen üblichen, Menschenopfer abzuschaffen.[35] Er ändert sein Verhalten, tritt ihr als Individuum entgegen, verlangt die Offenlegung ihrer Identität und macht ihr einen Heiratsantrag. Iphigenie bleibt jedoch in der Rolle der Priesterin, der „Geheimnis ziemt". Daraufhin gibt ihr Thoas das Versprechen, ihr bei einer Möglichkeit zur Heimreise diese zu erlauben, falls diese jedoch unmöglich sein sollte, sie zur Frau zu nehmen.

> „Wenn du nach Hause Rückkehr hoffen kannst, /So sprech ich dich von aller Fordrung los./Doch ist der Weg auf ewig dir versperrt, /[...]/So bist du mein durch mehr als Ein Gesetz./Sprich offen! und du weißt, ich halte Wort."[36]

Iphigenie vertraut ihm ihre Identität an und bittet ihn um Hilfe, um zu ihrer Familie zurückkehren zu können. Thoas fällt jedoch in die Rolle des Herrschers zurück und beschließt, als Antwort auf ihre Bitte zurück zu kehren, die Wiedereinführung der Menschenopfer und befiehlt Iphigenie, in der Rolle der Priesterin, diese durchzuführen.[37]

> „[...] Sei Priesterin/Der Göttin, wie sie dich erkoren hat;/Doch verzeih' Diane, dass ich ihr, /Bisher mit Unrecht und mit innerm Vorwurf/Die alten Opfer vorenthalten habe./Kein Fremder nahet glücklich unserm Ufer;/Von alters her ist ihm der Tod gewiss."[38]

Durch seine Rückkehr zur Behandlung Iphigenies als Priesterin, also als Funktionsträgerin und somit die Abwendung von ihr als Subjekt, entzieht er ihr die Autonomie. Er geht von der Bitte zum Befehl über und macht damit deutlich, dass sein Versprechen eher einem Befehl gleichkam „dem nicht Folge zu leisten, mit nachteiligen Konsequenzen verbunden ist."[39]. [40]

Hieraus ergibt sich eine Situation, die von mehreren, einander ausschließenden Verbindlichkeiten konstituiert wird.

Thoas Befehl, alle Fremden zu töten, schließt die von Apoll zugesicherte Rettung Orests aus und dies würde der, durch Thoas zu gesicherten, Heimkehr Iphigenies die Grundlage entziehen.

Nach ihrer Begegnung mit Arkas (s...) wird Iphigenie bewusst, „daß ich auch Menschen hier verlasse"[41]. Sie verändert ihre Verhaltensstrategie Thoas gegenüber

---

[35] Vgl. Fischer-Lichte 1975, S.14.
[36] Goethe 2001, V.293ff.
[37] Vgl. Fischer-Lichte 1975, S.15f.
[38] Goethe 2001, V.504ff.
[39] Fischer-Lichte 1975, S.17.
[40] Vgl. Ebd. S.17.
[41] Goethe 2001, V.1712.

und versucht so auch zu den Skythen authentische zwischenmenschliche Beziehungen herzustellen.

Somit tritt sie Thoas als „Agamemnons Tochter" und nicht wie bisher in ihrer Funktion als Priesterin entgegen und folgert daraus, ihm als gleichberechtigt entgegen zu treten. Gleichzeitig folgt sie dem „Prinzip der Wahrheit".[42]

Dem Prinzip der Skythen – und somit auch dem ihres Herrschers Thoas – die eigene Autonomie durch „die Vernichtung des entgegenstehenden" aufrecht zu erhalten, setzt Iphigenie das Prinzip des „Wortes" entgegen, die „schöne Bitte", die die „Autonomie des bittenden Subjekts von der Willkür des anderen abhäng[ig macht]"[43].

Beide Oppositionen sind für sie jedoch inakzeptabel und sie gibt dem Begriff „unerhörte Tat", der mit dem Prinzip der Skythen gleichzusetzen ist, eine neue Definition: „das Aussprechen des Wahrheit entdeckenden Wortes ist die unerhörte Tat". Indem Iphigenie Thoas „die Wahrheit", ihre Identität, verrät, teilt sie ihm mit, dass die Bedingungen, die er für die Einhaltung seines Versprechens gefordert hatte, erfüllt sind. Somit sind die einander ausschließenden Verbindlichkeiten aufgehoben. Das Aussprechen der Wahrheit fordert die Aufhebung der Menschenopfer, da diese mit der Einhaltung des Versprechens nicht zu vereinbaren sind.[44]

Indem Orest und Thoas auf die, durch Iphigenie geschaffenen, neuen Bedingungen eingehen, sind nun auch die Verhältnisse der Skythen zu Fremden (Thoas- Orest) und der Griechen zu Fremden (Orest- Thoas) zu denen einer „idealen Sprechsituation" geworden, die am Ende des Dramas „im Austausch des ‚Leb wohl' bzw. ‚Lebt wohl' realisiert" wird.[45]

Somit hat Fischer-Lichte ihre ersten beiden Thesen belegt.

Die Darstellung der „Vorwegnahme sozialer Möglichkeiten" besteht darin, dass der Mensch die sich ihm gestellten Probleme durch die Herstellung authentischer zwischenmenschlicher Beziehungen löst und nicht, wie von Lorenz kritisiert, die Lösung des durch ein „deus ex machina aufgepflanzt"[46] wird.

Im Zusammenhang hiermit steht ihre zweite These, die besagt, dass „eine Schullektüre der ‚Iphigenie' emanzipatorischen Zielen dient". Durch die menschliche Überwindung des Götterbildes des Parzenliedes emanzipiert sich der Mensch vom

---

[42] Vgl. Fischer-Lichte 1975, S.18f.
[43] Ebd. S.20.
[44] Vgl. Ebd. S.20.
[45] Vgl .Ebd. S.20.
[46] Lorenz, Rolf: Utopie contra Entfremdung? Zitiert nach: Ebd. S.2.

Glauben an die unabwendbare und unveränderliche Macht der Götter, die ihn zu einem willenlosen Objekt ihrer Launen degradiert.

3.3 Handlungsrelevanz und die Anknüpfung an sozialrelevante Situationen

Fortlaufend befasst dich Fischer-Lichte mit ihren letzten beiden Thesen, der Frage nach der Handlungsrelevanz des Dramas und der Anknüpfung an für Schüler sozialrelevante Situationen.

Lorenz wirft der „Iphigenie" vor, dass sie genau wie die „Trivialliteratur unserer Tage" eine ideale Lebensform aufzeige, diese jedoch keinen Aufforderungscharakter besitze, sondern „keinen Ansatz" zeige, „wie zu dieser Idealität vorgestoßen werden könnte".[47] Fischer-Lichte weist auf, dass die „Iphigenie" das Verhältnis zwischen zu leistender und am Ende wirklich geleisteten Versöhnung aufzeigt und reflektiert, während die Trivialliteratur die Versöhnung nur als Bestätigung der bestehenden Gesellschaft aufweist.[48]

Dies macht sie an drei Faktoren fest.

Die Wahl der dramatis personae als Gestalten der griechischen Mythologie suggeriert dem Rezipienten nicht wie in der Trivialliteratur einen möglichen Ist-Zustand, sondern einen Soll-Zustand, der die Spannungen zwischen der Realität des Bürgertums und der Idealität des Dramas reflektiert und somit eine verstärkte postulierende Wirkung hat.[49]

Zudem betont sie die besondere Funktion des Götterwillens. Indem Thoas sein Versprechen gegenüber Iphigenie und den Griechen erfüllt, erfüllt sich auch das Versprechen Apolls auf eine Erlösung Orests. Die Parallelität zwischen menschlicher Intervention und der Erfüllung des göttlichen Willens, in der die Idealität realisiert wird, bekräftigt, dass die reelle Umsetzung der Idealität nicht durch eine Kopie der Handlungsschemata möglich ist, sondern nur als „Annäherungswert" fungieren soll. Die Notwendigkeit einer Realisierung wird jedoch durch den Götterbezug betont.[50]

Als dritten Punkt führt sie die „besonderen Bedingungen" an, unter denen Iphigenie lebt. Nur durch ihre einzigartigen Umstände ist sie in der Lage, ideale zwischenmenschliche Beziehungen aufzubauen. Dies verweist erneut auf den Widerspruch der bürgerlichen Gesellschaft, der sich darin manifestiert, dass das Ideal

---

[47] Vgl. Fischer-Lichte 1975, S.1f.
[48] Vgl. Ebd. S.22.
[49] Vgl. Ebd. S.22f.
[50] Vgl. Ebd. S.23f.

zwar gefordert, jedoch aufgrund scheinbar unverrückbarer gesellschaftlicher Vorraussetzungen nicht umgesetzt wird.[51]

Schlussfolgernd bemerkt Fischer-Lichte, dass die „Iphigenie" erstens durch ihre auffallenden inhaltlichen Brüche auf den „Widerspruch des bürgerlichen Geistes" aufmerksam macht, der sich dadurch bemerkbar macht, dass er

> „die Aufhebung der gegenwärtigen, von ihm geschaffenen, ihn deformierenden gesellschaftlichen Bedingungen postuliert, andererseits jedoch alles daran setzt, eben diese Bedingungen zu perpetuieren, so daß er selbst sie zuletzt für ‚ewig gültig', für mit der Existenz des Menschen [gleich] gesetzt und daher für unaufhebbar hält."[52, 53].

Zweitens verweist sie auf die für den Schüler bestehende mögliche Anknüpfung an sozialrelevante Situationen, die sich daraus ableitet, dass der Schüler lernt, die Divergenzen zwischen den sich ihm darbietenden gesellschaftlichen Gegebenheiten und den Kommunikationssituationen denen er sich gegenüber sieht zu reflektieren und daraus „Konsequenzen für sein künftiges Handeln abzuleiten".[54]

---

[51] Vgl. Fischer-Lichte 1975, S.24f.
[52] Ebd. S.25.
[53] Vgl. Ebd. S.25.
[54] Vgl. Ebd. S.25.

4. Reflexion

Grundsätzlich ist Fischer-Lichtes Interpretation zuzustimmen, was jedoch auffällt ist der formale Aufbau. Inhaltlich folgt sie einer klaren Struktur, die vor allem darauf aufgebaut ist, die im Drama wechselnden zwischenmenschlichen Beziehungen zu verfolgen und den Aufbau eines Kommunikationssystems von „authentischen zwischenmenschlichen Beziehungen" durch die emanzipatorischen Bestrebungen des Menschen zu beweisen. Formal ist diese Struktur jedoch nicht zu erkennen, die Teilüberschriften lassen eher vermuten, dass sie eine ausführliche Strukturanalyse durchführt, was sie auch macht, doch dient diese als Mittel zum Beweis ihrer Thesen und steht inhaltlich weniger im Vordergrund.

Ihre Argumentation ist logisch und schlüssig, in ihrer Kritik zur These Rolf Lorenz argumentiert sie jedoch mit den Theorien Kosiks

> „Jedes künstlerische Werk hat in unteilbarer Einheit einen doppelten Charakter: es ist Ausdruck der Wirklichkeit, die nicht neben dem Werk und vor dem Werk, sondern gerade nur im Werk existiert [...] Das künstlerische Werk ist ein integraler Bestandteil der gesellschaftlichen Wirklichkeit, ein Aufbauelement dieser Wirklichkeit und ein Ausdruck der gesellschaftlich-geistigen Produktion des Menschen."[55]

und denen Mukařovskýs,

> „Die Erfahrungen, die durch den vom Kunstwerk ausgehenden Impuls in Bewegung geraten, übertragen daher ihren Lauf auch auf das Gesamtbild der Wirklichkeit im Gedanken des Beschauers. Die Unbestimmtheit der sachlichen Bezogenheit des Kunstwerks wird also dadurch kompensiert, daß das wahrnehmende Individuum auf es keineswegs nur mit einer Teilreaktion antwortet, sondern mit allen Momenten seiner Stellung zur Welt und zur Wirklichkeit."[56]

die in ihren Argumentationen stringent Goethes Symboltheorie folgen, die besagt, dass der Dichter die von ihm erfahrene Realität in seinem Werk durch ein Symbol ausdrückt; der Rezipient kann von diesem Symbol nicht auf die Realität des Dichters schließen, sondern verbindet es mit seiner eigenen und schafft so eine neue, subjektive Wirklichkeit.

> „Das Symbol [...] spricht ein Besonderes aus, ohne ans Allgemeine zu denken oder darauf hinzuweisen. Wer nun dieses Besondere lebendig faßt, erhält zugleich das Allgemeine mit, ohne es gewahr zu werden, oder erst spät."[57]

---

[55] Kosik, Karel: Die Dialektik des Konkreten. Zitiert nach: Fischer-Lichte 1975, S.3.
[56] Mukařovský, J.: Ästhetische Funktion. Norm und ästhetischer Wert als soziale Fakten. Zitiert nach: Ebd. S.3.

[57] Goethe, Johann Wolfgang: Maximen und Reflexionen. Zitiert nach: Fischer Lexikon Literatur. Frankfurt a.M.: Fischer, 2002, S.188.

5. Literaturverzeichnis

Fischer-Lichte, Erika: Goethes „Iphigenie". Reflexion auf die Grundwidersprüche der bürgerlichen Gesellschaft. In: Diskussion Deutsch, Jg.6, 1975, H.21.

Goethe, Johann Wolfgang: Iphigenie auf Tauris. Ein Schauspiel. 2. durchgesehene Ausgabe. Stuttgart 2001 (=Reclams Universal- Bibliothek 83).

Goethe, Johann Wolfgang: Maximen und Reflexionen. Zitiert nach: Fischer Lexikon Literatur. Frankfurt a.M.: Fischer, 2002.

Ivo, Hubert: Die politische Dimension des Deutschunterrichts. z.B.: Goethes „Iphigenie". In: Diskussion Deutsch Sonderband „Zur politischen Dimension des Deutschunterrichts". 1973, S.5-36. In: Fischer-Lichte, Erika: Goethes „Iphigenie". Reflexion auf die Grundwidersprüche der bürgerlichen Gesellschaft. In: Diskussion Deutsch, Jg.6, 1975, H.21.

Kosik, Karel: Die Dialektik des Konkreten. 1973, S. 123, 135. In: Fischer-Lichte, Erika: Goethes „Iphigenie". Reflexion auf die Grundwidersprüche der bürgerlichen Gesellschaft. In: Diskussion Deutsch, Jg.6, 1975, H.21.

Lorenz, Rolf: Utopie contra Entfremdung? In: Diskussion Deutsch, Jg. 5, 1974, H.16. In: Fischer-Lichte, Erika: Goethes „Iphigenie". Reflexion auf die Grundwidersprüche der bürgerlichen Gesellschaft. In: Diskussion Deutsch, Jg.6, 1975, H.21.

Mukařovský, J.: Ästhetische Funktion. Norm und ästhetischer Wert als soziale Fakten. In: Die Dialektik des Konkreten.1970, S.7-112, S.96f. In: Fischer-Lichte, Erika: Goethes „Iphigenie". Reflexion auf die Grundwidersprüche der bürgerlichen Gesellschaft. In: Diskussion Deutsch, Jg.6, 1975, H.21.